DORFLEBEN

2. Auflage 1994

Druck: Werbedruck Schreckhase, Spangenberg
Buchbinderische Verarbeitung: Fleischmann, Fulda

34281 Gudensberg-Gleichen, Im Wiesental 1
Tel.: 05603 / 4451 u. 2030
ISBN 3-86134-108-5

Georg Eurich

Photographien aus dem DORFLEBEN in den 50er Jahren

Wartberg Verlag

Vorwort

In seinem ersten Bildband („Aus alter Arbeitszeit") über das Landleben in den fünfziger Jahren hat Georg Eurich neben Fotografien von der landwirtschaftlichen Arbeit vorwiegend Aufnahmen vom traditionellen dörflichen Handwerk vorgestellt. Für den vorliegenden Band wurden aus seiner umfangreichen Sammlung insbesondere Fotografien vom dörflichen Leben ausgesucht.

Seit 1948 dokumentiert Georg Eurich mit seiner Kamera Land und Leute. Von seinen unzähligen Streifzügen durch die Dörfer seiner Heimat, die er anfangs zu Fuß oder mit dem Fahrrad erkundete, brachte er so viele außergewöhnliche Aufnahmen mit, wie sie über die fünfziger Jahre heute in kaum einem Fotoarchiv zu finden sind.

Der Leser wird beim Blättern in diesem Band mit einer Zeit konfrontiert, die zwar schon vierzig Jahre zurückliegt, aber in der Erinnerung noch so nah ist. Für einen Großteil der heute in unserer Region lebenden Menschen verbinden sich mit diesen Bildern Kindheits- und Jugenderinnerungen. Es ist Georg Eurichs Verdienst, diese für uns wieder lebendig werden zu lassen.

Peter Wieden

Dorfansicht Anfang der fünfziger Jahre: Hopfmannsfeld im Vogelsberg, dem oberhessischen Mittelgebirge (oben).

Nachbarinnen im Gespräch über Alltägliches und Neuigkeiten, die in keiner Heimatzeitung stehen (rechts). Wenn auch die meisten Dorfbewohner stets einen langen Arbeitstag mit körperlich anstrengenden Tätigkeiten hatten, so ließ man sich doch zwischendurch Zeit für eine Unterhaltung oder ein kurzes Gespräch. Jeder kannte jeden, und über die Pflege mitmenschlicher Beziehungen brauchte man nicht nachzudenken - die hatte man.

Am Dorfbrunnen.
Er war nicht nur ein Wasserspender für Menschen und Tiere, sondern auch ein beliebter Spielplatz für gern im Wasser planschende Kinder.

Das Zugpferd labt sich am frischen, kühlen Wasser des Brunnens.
Jeder Bauer ist um das gesundheitliche Wohl seiner Tiere bedacht. Das gilt vornehmlich für Pferde, die früher auf dem Bauernhof eine besondere Rolle spielten. Kam ein Bauer nach der Arbeit mit seinen Pferden auf den Hof zurück, so wurden erst die treuen Helfer versorgt, bevor er sich ins Haus begab.

Mit dem Milchkännchen über den „Jungfernsteg", wie dieser alte Sandsteinsteg in dem Dorf Frischborn genannt wurde. Auf ihm schritten die Bräute als Jungfern zur Vermählung, bevor sie bald darauf die Kirche als verheiratete Frauen verließen (links).

Mehrmals im Jahr kamen früher Geschirrhändler mit ihren von Pferden gezogenen „Dippewagen" in die Dörfer und boten Töpfe, Pfannen und Geschirr aller Art, Eimer, Kannen und Wannen zum Kauf an. Das Geschirr war preiswert und gut. Die „Dippeleut" fuhren immer die gleichen Routen und genossen das Vertrauen der Landbevölkerung (oben).

Nicht jeder dörfliche Gemischtwarenladen („Tante-Emma-Laden"), vor allem in den kleinen Orten, konnte alles Notwendige anbieten. So waren die regelmäßig kommenden und den Dorfbewohnern bekannten „fahrenden Händler" gern gesehen.
Dieser Händler mit seinem Dreirad-Transporter bot die verschiedensten Waren feil, ob Handbesen, Socken, Zwirn, Schwämme oder Kinderrasseln. Und hatte jemand einen besonderen Wunsch, so konnte er fast sicher sein, daß er eine Woche später erfüllt wurde - „Krämer-Hannes" besorgte so ziemlich alles.

Älteres Bauernehepaar nach dem Einkauf im Städtchen. „Er" schreitet führend und die Verantwortung tragend, keine Hand frei, strammen Schrittes voran. Seine Frau, ihm treulich folgend, trägt die Tasche.

Ob zuhause die gleiche Rangfolge in der Führung galt, sagt dieses Bild nicht aus. Lebenskenner denken dabei an das Wort: „Mein Mann bestimmt - und ich sag', was und wie's gemacht wird."

In früheren Jahrzehnten, als noch keine Tankwagen die Milch holten, gab es in den Dörfern mehrere Milchrampen (Milchböcke) als Sammelstellen für die bis zu 20 Liter fassenden Milchkannen. Pferdewagen („Milchwagen"), später Lastwagen, holten morgens die vollen Kannen ab, fuhren sie zur Molkerei und brachten die geleerten Kannen zurück.

Beim Bringen und Abholen der Milchkannen bot sich oft die Gelegenheit für ein Gespräch oder ein kurzes Schwätzchen. Das war meist kein „Geschwätz", sondern man tauschte Erfahrungen aus, erfuhr auch Neuigkeiten und von Ereignissen und Begebenheiten aus dem Familien-, Verwandten- und Bekanntenkreis oder aus dem Dorfleben. Allerdings sei erwähnt, daß nicht jedes Gespräch die Gewähr bot für den vollen Wahrheitsgehalt der unter dem Siegel der Verschwiegenheit anvertrauten Neuigkeit.

Kolonialwaren
Konrad Ortwein
POSTAMT
DEUTSCHE BUNDESPOST
OPD
Ffm
5947

Foto links: Vor einer dörflichen Poststelle in Oberhessen im Jahre 1950. Briefträger beginnen zu Fuß oder mit dem Fahrrad ihre Tour; der Postverwalter belädt den zweirädrigen Postkarren mit angelieferten Briefen, Päckchen und Paketen zum Transport an die Bahnstation. Hast und Schnelligkeit waren nicht gefragt.
Bis in die fünfziger Jahre waren solche Poststellen in den meisten Dörfern in Kaufläden, Gastwirtschaften oder anderen Privathäusern eingerichtet. Und welcher Postkunde fühlte sich nicht oder schlecht versorgt? In jüngster Zeit hört und liest man, daß die Absicht besteht, ähnliches wieder ...
Sagen nicht manche Leut', es käme alles wieder?
Foto oben: Vor einem Bauernhof: Ein Binder wird bespannt und für den Einsatz hergerichtet.

Lustiges Laufspiel über den Bach mit erwartungsvollen Zuschauern. Schrittsteine gehören zu den ältesten Gewässerüberquerungen. Alten Menschen bereiten sie oft Schwierigkeiten. Kinder dagegen haben große Freude daran, auf solchen Steinen das andere Ufer zu erreichen.

Folgende Doppelseite:
Mädchen des 8. Schuljahres einer Volksschule. Alte und für heutige Vorstellungen unzureichende Einrichtungen und Austattungen waren kein Maßstab für die pädagogischen Leistungen der damaligen Volksschulen. Auch nicht für Sauberkeit, Ordnung, Fleiß, Gemeinschaftssinn, Freude und Fröhlichkeit.
Solche genormten, die körperliche Gesundheit nicht fördernde Schulbänke gehören längst der Vergangenheit an.

Als es noch solche Winter gab...
Fast meterhoch lag manchmal der Schnee in den Dörfern der Mittelgebirge. Gassen und Wege mußten von Hand freigeschaufelt werden. Für Erwachsene waren solche Winter eine Beschwernis, für Kinder eine Freude.
Nicht selten kam es in früherer Zeit, als es noch keine Schneepflüge gab, vor, daß kleine Dörfer und Weiler in höheren Lagen, abseits der Durchgangsstraßen, „eingeschneit" und für einen Tag oder gar mehrere „von der Welt abgeschnitten" waren. Das empfand man nicht als Unheil - ein Dorf und seine Bewohner waren in vielerlei Hinsicht „Selbstversorger".

In einer Dorfstraße des Schlitzerlandes sammeln sich die Kinder beim Anblick eines fremden Fotografen. „Kommt mal schnell, ein Fotograf ist da", rief einer aus der Kinderschar (links).

Alte Fachwerkbauten prägen das Ortsbild vieler Dörfer und Kleinstädte. Vielerorts kann man an diesen Gebäuden kunstvolles Fachwerk mit reichem Schmuck bewundern (rechts).

Folgende Doppelseite:
Wegebau in Handarbeit, wie es in den ersten Jahren nach dem Krieg noch üblich war.

In den fünfziger Jahren wurden noch (vor allem in Mittelgebirgsdörfern) handwerkliche Heimarbeiten, vornehmlich mit dem Werkstoff Holz, ausgeführt. Besonders in den Wintermonaten, wenn die Feldarbeit ruhte, beschäftigten sich die Männer mit solchen Tätigkeiten und fertigten Gegenstände für den eigenen Gebrauch, für Verwandte und Bekannte, aber auch zum Verkauf. Der Erlös war gering und lediglich ein kleines Zubrot oder Taschengeld. Korbflechten und Besenbinden gehörten zu diesen Heimarbeiten.

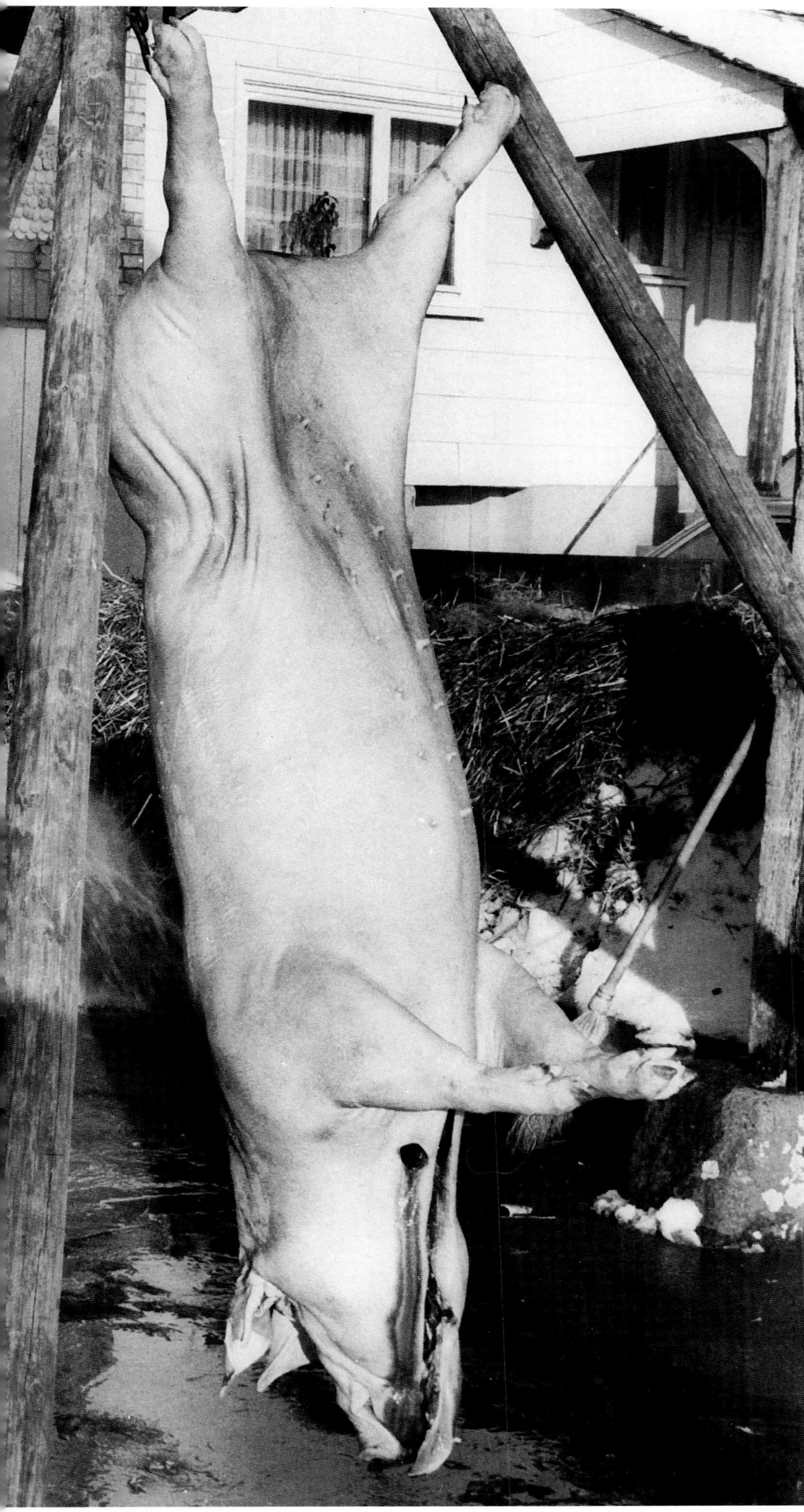

Hausschlachtungen waren dereinst fast in jedem ländlichen Haushalt üblich. Die meisten Familien mästeten im Sommerhalbjahr ein oder zwei Schweine, die dann im Spätherbst oder Winter geschlachtet wurden. Die Räucherwaren (Wurst, Speck, Schinken und Durchwachsenes) wurden gut eingeteilt – darauf achteten die Hausfrauen – und mußten bis zur nächsten „Schlacht" reichen.

Ein altes hessisches Sprichwort sagt: „Gut gefrühstückt spürt man den ganzen Tag, gut geschlachtet das ganze Jahr und gut geheiratet das ganze Leben!"

Wenn auch ein Schlachttag viel Arbeit brachte, so sprach man doch von einem „Schlachtfest". Nach des Tages Mühen saß man abends noch gemütlich in der „Großfamilie" zusammen und feierte das Ereignis.

Es kam gelegentlich vor, daß bei einem solchen Schlachtfest, wenn sich abends weit mehr Feierer als tagsüber Helfer eingefunden hatten, ein beträchtlicher Teil der Wutz gegessen war.

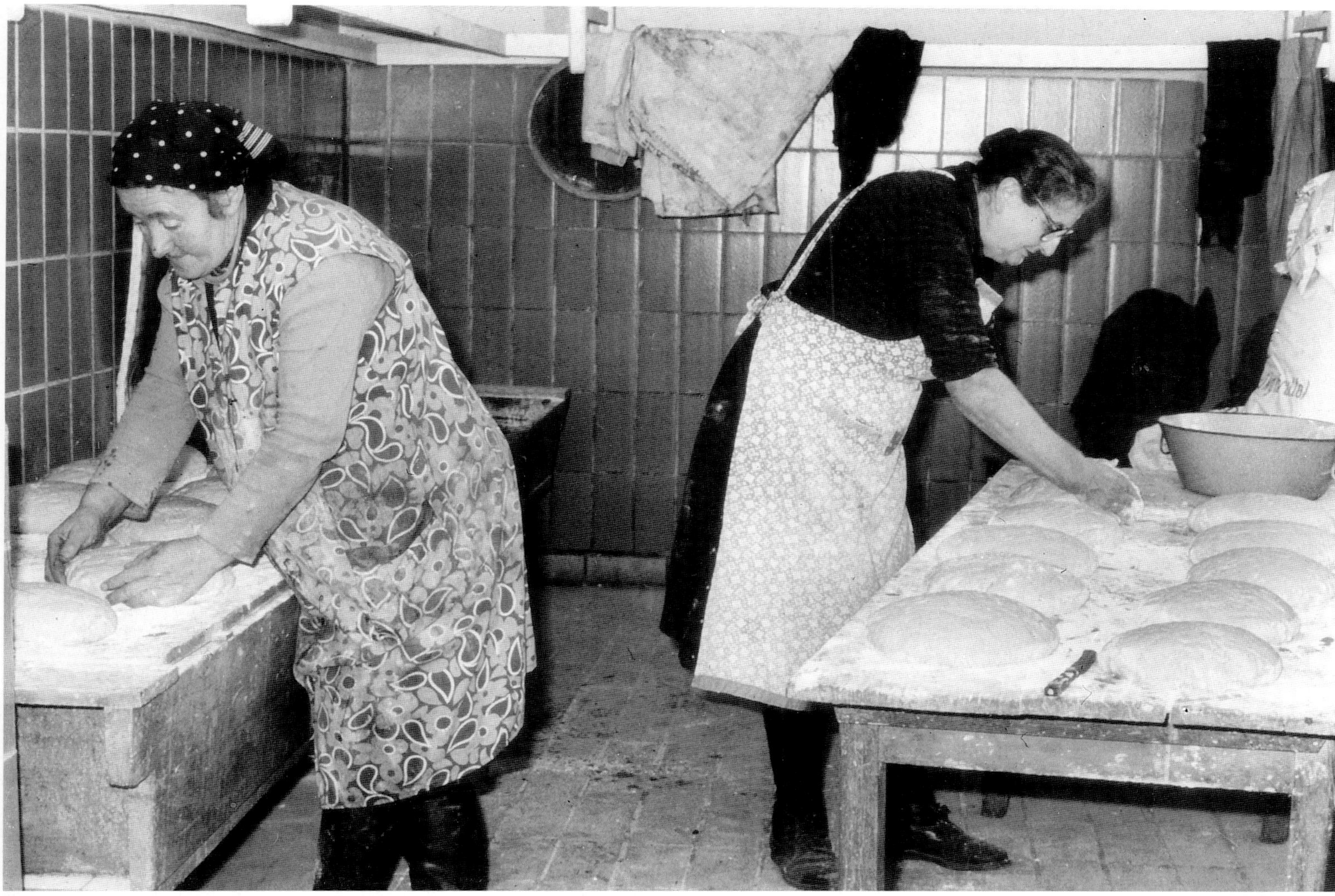

Früher hatte jedes Dorf ein Backhaus oder mehrere. Hier wurden nach zeitlicher Absprache der Haushalte in holzgeheizten Steinöfen die wohlschmeckenden Sauerteigbrote und Blechkuchen (Streusel-, Obst-, Quarkkuchen u.a.) gebacken. Darunter gab es Spezialitäten, die über die Dorfgrenzen hinaus bekannt waren; beispielsweise im Vogelsberg die „Salzekuchen". In Lauterbach gibt es sogar einen Männerverein, die „Salzekuchejonge", die sich an ihren Vereinstreffen die schmackund nahrhaften Blechkuchen munden lassen, dazu natürlich die verdauungsanregenden „Kännerchen" und schwarzen Kaffee.
Dorfbackhäuser haben seit Jahren Renaissance, und mancherorts werden gesellige Backhausfeste gefeiert.

„Gut essen und trinken hält Leib und Seele zusammen." Das gilt auch am Tag des Jahrmarktes. Der Gang vorbei an den vielen Marktständen, das Vergleichen der zahlreichen Angebote bis hin zum „billigen Jakob" mit seinen flotten Sprüchen ist anstrengend und macht hungrig und durstig. Da kann man dem wohlriechenden Duft der Rostbratwürste nicht widerstehen, und ein frischgezapftes Helles war schon immer gut gegen den quälenden Durst und eine trockenen Zunge.

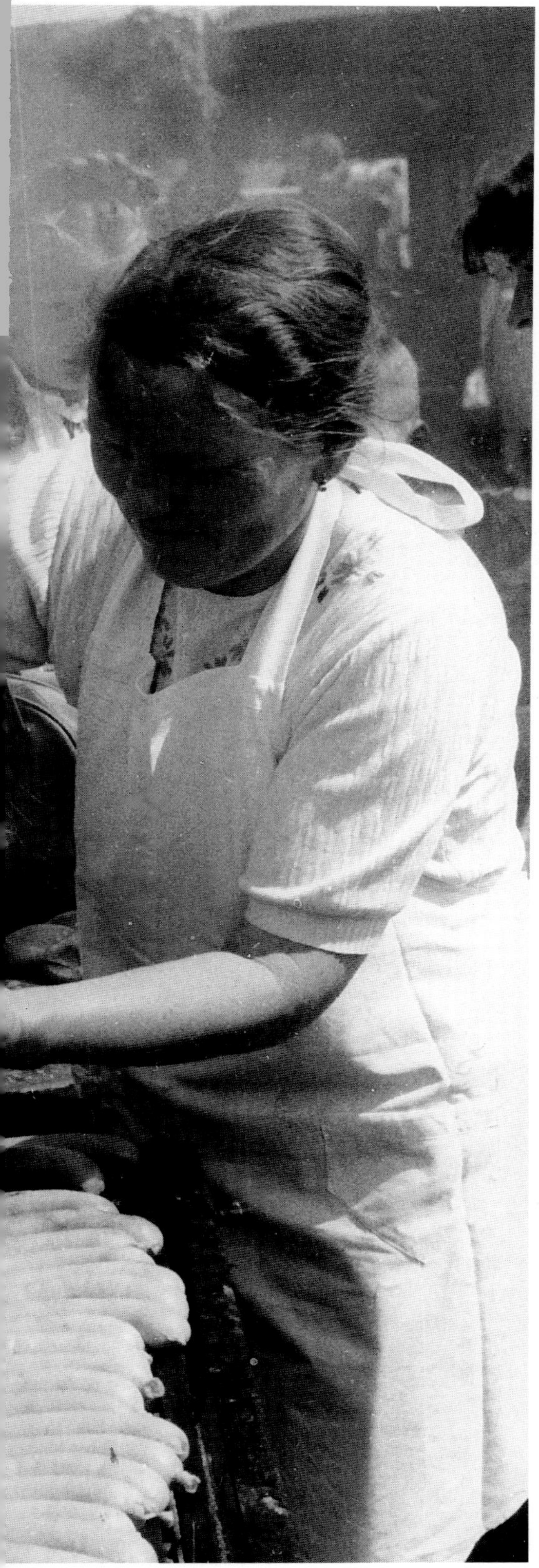

Folgende Doppelseite: Gerätevorführung zu Großvaters Zeiten: Ein fahr- und hochklappbarer Ziehrechen. Der Landbevölkerung (vor allem dem Bauernstand) wird oft nachgesagt, sie sei konservativ und allem Neuen gegenüber nicht genug aufgeschlossen. An Gutem und Bewährtem hängen und es zu bewahren, ist wohl eine gute Eigenschaft. Einem vernünftigen Fortschritt haben sich die „Dörfler" zu keiner Zeit widersetzt – warum auch? Neuen und verbesserten praktischen Dingen, die Arbeit und Leben erleichtern, sind sie sogar sehr zugetan. Man muß ja nicht gleich auf jeden Trick oder Tick, auf jeden Werbespruch und „letzten Schrei" hereinfallen.

Vor Jahrzehnten standen mehr als heute die Viehprämiierungen im Mittelpunkt der Jahrmärkte. Daher ist mancherorts noch der Name „Prämienmarkt" geläufig.
Ein Viehzüchter führt einen Prachtbullen vor (oben), und am Rande des Ringes sind Bauern in ein Fachgespräch (oder?) vertieft (rechts).
Ein solcher auf Ausstellungen mit Ehrenpreisen ausgezeichneter Rassebulle kostete Anfang der fünfziger Jahre immerhin so viel wie ein Mittelklasseauto. Die Haltung guter Zuchtbullen waren damals notwendiger als heute, denn die künstliche Besamung hatte in den Ställen der Viehzüchter erst vereinzelt Eingang gefunden.
Die auf den Viehmärkten und Ausstellungen prämierten Tiere wurden

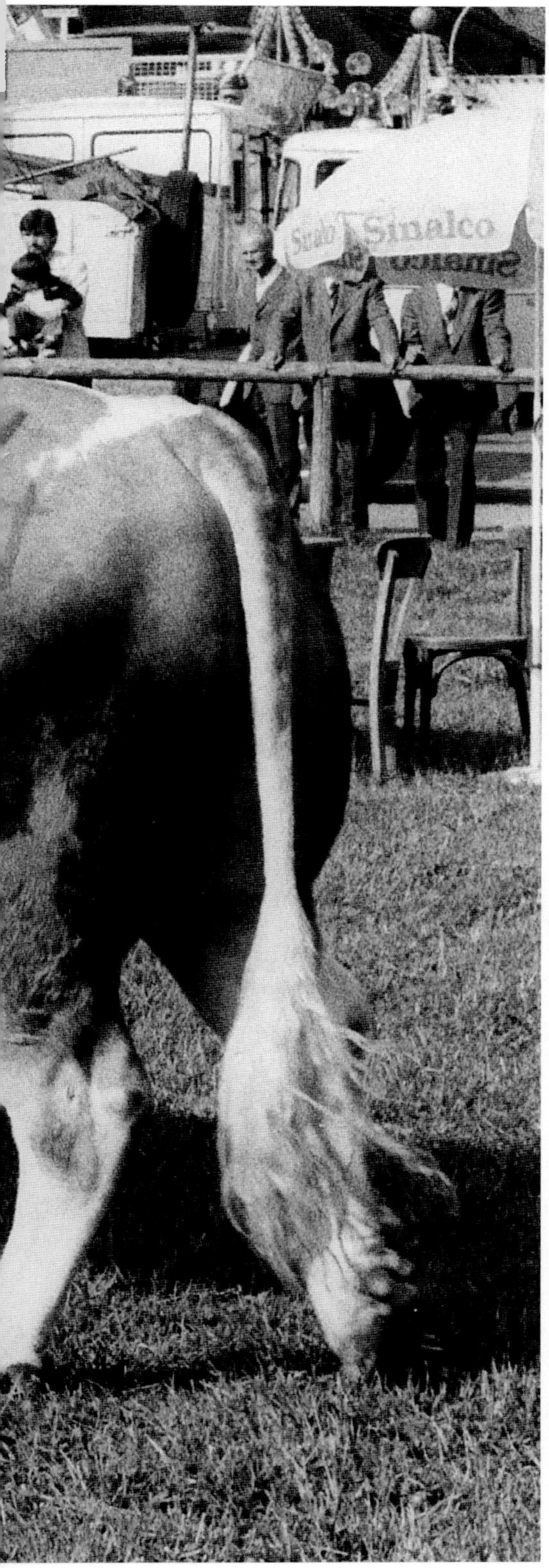

(werden) mit Preisen und Plaketten ausgezeichnet. Geht man offenen Auges durch die Bauerndörfer, so sieht man da und dort an den Stalltüren solche Metallplaketten angeheftet als Stolz für jeden engagierten Viehzüchter.

Die Ziege galt immer als die Kuh des kleinen Mannes. In manchen Dörfern gab es sogar Ziegenzuchtvereine.
Hier stellt eine Schlitzerländerin ihre Ziegen auf dem Prämienmarkt aus.

Gegenüber früher ist die Ziegenhaltung unbedeutend geworden. Man redet zwar heute viel von sogenannten „kleinen Leuten" – aber wer ist das? An der Geiß kann man sie wohl nicht mehr erkennen.

Von der Weide kommend, dem heimischen Stall entgegen.
Die Kühe kennen ihren Weg zum Stall genau, und welcher vernünftige oder die ländlichen Gegebenheiten kennende Verkehrsteilnehmer wollte ihnen die „Vorfahrt" nehmen?
Auch das Überholen einer Herde im Ortsbereich ist nicht angebracht, und auf Hupen reagieren diese Vierbeiner ohnehin nicht.

Stockwerkhoch geschichteter Misthaufen vor einem Vogelsberger Bauernhaus. Unweit über dem Dungbauwerk sind Federbetten zur Lüftung in frischer Landluft ausgelegt.
Ein solch großer Misthaufen hätte in noch früherer Zeit einen „Freier", der auf der Partnersuche für einen Bauernsohn oder eine Bauerntochter war, aufmerksam gemacht: Wo soviel Mist, ist auch zahlreiches Großvieh im Stall; und der Besitz kann kein kleiner sein.
Die Misthaufen (Dunghaufen) vor den Haustüren an der Straßenseite sind heute kaum noch anzutreffen. Dorferneuerungsmaßnahmen, Aktionen wie „Unser Dorf soll schöner werden" und ähnliches haben unsere Dörfer und ihr Bild stark verändert. In früheren Jahrhunderten galt das Wort „Stadtluft macht frei". Heute könnte man den Ausspruch umwandeln. Wie gern würde mancher Städter, der früher beim Gang durch ein Bauerndorf die Nase etwas rümpfte, die Landluft auf Dauer genießen.

Folgende Doppelseite: Im Hohen Vogelsberg – zu siebt den steilen Hang hinauf.

In den Höhenlagen der Mittelgebirge herrscht seit jeher in der Landwirtschaft die Viehzucht vor. Die Weidewirtschaft wurde früher mehr betrieben als heute. In manchen Dörfern gab es noch nach dem Kriege Gemeindeweiden (Allmende), auf die Ortsbewohner ihr Vieh gemeinsam treiben konnten.
In der Regel waren 10 bis 14jährige Jungen als Viehhüter tätig. Wenn auch oft Bücher, Schiefertafel und Hefte für die Schularbeiten mit auf die Weide genommen wurden, so blieb es doch meistens bei dem guten Vorsatz. Was konnten die Hütejungen auch ohne Schulutensilien auf den oft weitab der Höfe gelegenen Weiden alles sehen, erforschen und erleben! Da zumeist auch andere Jungen in der Nähe waren, kam selten Langeweile auf. Wie viele Streiche auf den Huteweiden „ausgeheckt" wurden, weiß nur, wer ein richtiger Dorfjunge war.
Viehhüter werden heute nicht mehr benötigt. Elektrische Weidezäune haben ihre Aufgabe übernommen.

Sechs Viehhüter (links) aus drei Generationen im Gespräch auf einer Weide in Hartmannshain in Oberhessen (1949).

Eine Bäuerin beim Melken der Kühe auf der Weide (oben).

Ernten jeglicher Art waren in früherer Zeit viel arbeitsintensiver als heute. Moderne Maschinen und Geräte hielten erst in den letzten Jahrzehnten vermehrt Einzug in unsere Dörfer.
Das Beladen eines solchen Heuwagens (1952 aufgenommen in der Rhön) war nicht nur eine schwere Arbeit, sondern erforderte auch einen „Lademeister" mit Erfahrung. Wurde der Wagen nicht gut und gleichmäßig beladen oder der „Wiesbaum" (eine lange Stange über dem Aufbau zur Stabilität der Ladung) nicht fest genug gezurrt, so kam es vor, daß auf der Fahrt über holprig-schräge Feldwege ein Teil der Ladung verloren ging oder der Heuwagen gar umkippte. Zudem war die Fahrstrecke in die Scheune oft sehr weit. Manche Waldwiese lag (liegt) einige Kilometer entfernt.

Ein hölzerner Leiterwagen fährt ins Getreidefeld; Frauen gehen nach der Erntearbeit heimwärts (links).

Ältere Menschen kennen noch das „Blubbern" des Lanz-Bulldogs. Hier zieht ein solches Exemplar (oben) einen Binder (Getreidemäher als Selbstbinder).

Seit jeher versteht man auf dem Lande unter dem Begriff „Erntezeit" die Wochen, in denen das Getreide geerntet wird. Sie war früher mehr als heute die hohe Zeit im bäuerlichen Arbeitsjahr.
Die Tage waren von morgens früh bis spät abends mit Arbeit ausgefüllt. Verschiedentlich liest man in Gedichten oder singt in Liedern wohlklingende, aber doch sehr romantisierende Zeilen über die Ernte in früherer Zeit. „Schon sind die Garben fest gebunden und rasch in einen Ring gebracht; wie lieblich flohn die kurzen Stunden..." – Das fröhliche Lied der Schnitterinnen war ein „herber Arbeitssong".

Das reife Getreide wurde gemäht (geschnitten) und zu Garben gebunden. Diese Tätigkeit verrichtete Anfang der fünfziger Jahre in der Regel bereits ein Binder. Zahlreiche Kleinbauern schnitten noch mit der Mähmaschine, und auf kleinen Ackern sah man gelegentlich auch noch „Nichtbauern", die „ein Stück Land" hatten, mit der Sense mähen. Die Garben wurden zu „Haufen" aufgestellt, meist neun Garben pro Haufen, damit das Getreide trocknen konnte. Nach 10 bis 14 Tagen, je nach Witterung, wurden die Gar-

ben auf Leiterwagen geladen und in die Scheunen gefahren.
Hier lagerte das Getreide, bis gedroschen werden konnte; denn die Dreschmaschine (meist nur eine im Dorf) brauchte Wochen, auch wenn sie ganztags im Einsatz war, bis aller Roggen, Weizen, Hafer und alle Gerste gedroschen war.

LANZ
MANNHEIM
Rauchen

Die Zeit, als die Körner mit Dreschflegeln aus den Ähren geschlagen wurden, war schon vor dem Kriege vorbei. Dreschmaschinen verrichteten diese Arbeit. Diese von Elektromotoren angetriebenen Ungetüme kamen in die Bauernhöfe oder arbeiteten in Dreschhallen und auf besonderen Dreschplätzen. So wurde „die Spreu vom Weizen (Roggen, Gerste, Hafer) getrennt", wie es im Sprichwort heißt, die Frucht in Säcke gefüllt und die ausgedroschenen Halme zu Ballen gepreßt. Für die Bedienung einer Deschmaschine und die Verrichtung aller Arbeiten am Dreschtag waren viele Personen erforderlich.
Groß und klein, die Bauernfamilie und ihr Gesinde sowie Tagelöhner und sonstige Helfer hatten alle Hände voll zu tun. Aber nach getaner Arbeit wurde auch die Geselligkeit nicht vergessen – übrigens nicht nur am Dreschtag.
Heute fahren Mähdrescher übers Feld. Sie mähen und dreschen in einem Arbeitsgang. Die Körner fließen in Kastenwagen, das Stroh wird zu Ballen gepreßt.

Die Kartoffel ist ein Hauptnahrungsmittel. „Kartoffeln im Keller und Kraut im Faß, die Wutz geschlacht´ und Holz gemacht" - so wurde in früherer Zeit manch harter Winter überstanden. Jeder Dorfbewohner baute diese Erdfrüchte an, ob auf großen Ackerflächen, Kleinfeldern oder in Gärten. Ab Mitte September, je nach Witterung und Sorte, ist Kartoffelernte. Hier hat sich die heutige Arbeitsweise gegenüber früher nicht so grundlegend geändert wie bei der Getreideernte, jedenfalls nicht auf kleineren und mittleren Anbauflächen dieser Hackfrüchte.

Bild links: Die „ausgemachten" Kartoffeln werden in Säcke gefüllt.

Bild rechts: Kartoffelfuhre mit Kühen im Joch.

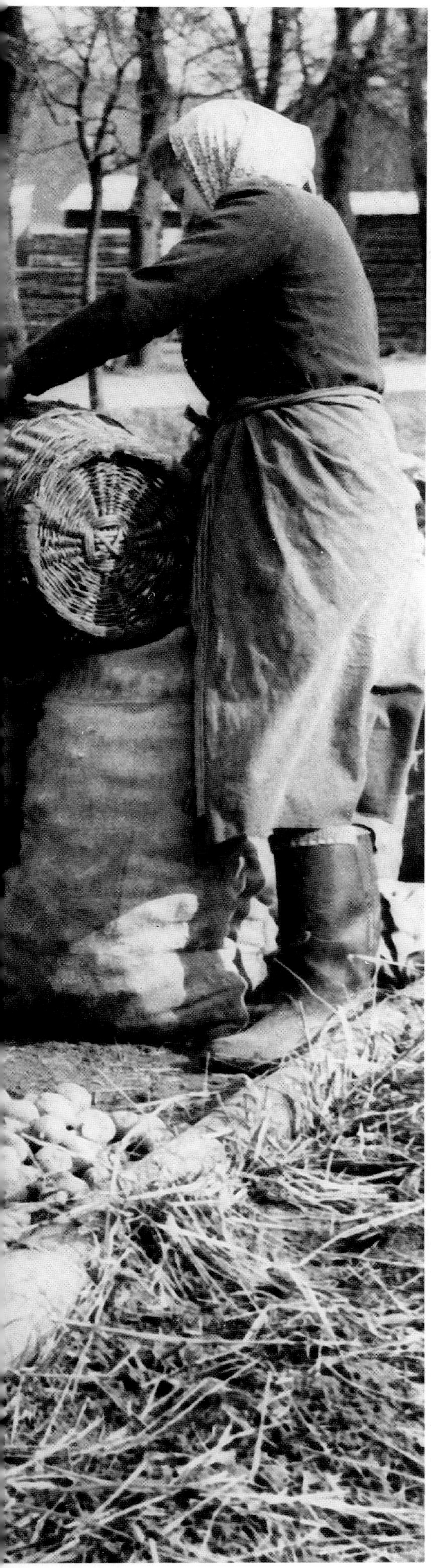

Kartoffelauslese: Viele Bauern konnten nicht alle Kartoffeln im Keller lagern. Sie legten in der Nähe des Hofes „Kartoffelmieten" an, in denen die Erdfrüchte überwinterten. Im Frühjahr, wenn die Frostzeit vorbei war, wurden die Mieten geöffnet, die Kartoffeln ausgelesen (verlesen) und die ausgesuchten Steckkartoffeln für die Anzucht der neuen Ernte in Säcke gefüllt. So sah man zwischen Ende März und Anfang April Frauen bei dieser Arbeit.

Früher wurden sehr viele Kartoffeln auch als Viehfutter verwendet. Dazu dämpfte man sie in großen Kesseln und stampfte sie anschließend in Silos ein. Große „Kartoffeldämpfmaschinen" wie auf dem Bild oben, die täglich bis zu 120 Zentner verarbeiteten, fuhren die Bauernhöfe an.

Folgende Doppelseite:
Vesper auf dem Felde. Acht Vogelsberger aus drei Generationen sitzen um den „gedeckten Tisch".

Für viele Menschen waren nach dem verheerenden Krieg auch noch die ersten Jahre danach eine harte Zeit. Nicht zuletzt für die große Zahl der Evakuierten und Heimatvertriebenen.
Um etwas Brennholz zu haben, trug diese Frau (einen Wagen hatte sie nicht) ein schweres Holzbündel aus dem Wald nach Hause (links).

Vor der sagenumwobenen Teufelsmühle in Ilbeshausen am Rande des Oberwaldes im Vogelsberg (rechts). Dieser prachtvolle Fachwerkbau mit seinem formenreichen und schmuckvollen Eichengebälk wurde im Jahre 1691 errichtet und zählt zu den schönsten Bauwerken dieser Art in Hessen.

Holz war bis in die fünfziger Jahre das wichtigste häusliche Heizmaterial; in den waldreichen Mittelgebirgslagen noch mehr als anderswo. Die Holzschneider mit ihren fahrbaren Sägen hatten fast das ganze Jahr über alle Hände voll zu tun.

Im 17. und 18. Jahrhundert hatte die Landbevölkerung nach langer Zeit der Leibeigenschaft und des Frondienstes den Landesherren und der adeligen und geistlichen Herrschaft einige „Freiheiten und Privilegien" abgerungen. Dazu zählte auch in manchen waldreichen Gegenden der Anspruch auf „Jahrholz". Jedem Haus standen bestimmte Klafter Buchen- und Eichenholz sowie Reisig für einen geringen Preis zu. Dieser Jahrholzanspruch besteht mancherorts noch.

Holzfuhrleute bei der Frühstückspause im Wald. Ein kleines Feuer spendete etwas Wärme an diesem kalten Wintertag.
Die Fuhrleute - meist Bauern im Nebenerwerb - fuhren das gefällte Langholz mit Pferdegespannen aus den Wäldern in die Sägewerke oder an Verladestationen der Bahn. Das „Rücken" der langen Stämme sowie das Be- und Entladen der Wagen war eine schwere und gefährliche Arbeit, erst recht bei Regen, Eis und Schnee.

Für Eisenbahnfreunde ein Blick zurück in die Jahre 1949/50.
Entlang der Strecken standen bewohnte Bahnwärterhäuschen: An „Posten 71" ein Schrankenwärter bei seiner Tätigkeit (links).
Zwölf Stunden täglich versah der Schrankenwärter seinen Dienst. Bei Zugumleitungen, Sonderzügen und dergleichen blieb ihm an der eingleisigen Strecke auch der Nachtdienst nicht erspart. Seine Arbeit bestand nicht nur aus dem Öffnen und Schließen von (mehreren) Bahnschranken, sondern er war auch für die Instandhaltung der Überwege, die Unterhaltung der Drahtzuleitungen, die Beleuchtung der Signale, die Kontrolle der vorbeifahrenden Züge und die Überwachung der Bahnanlagen verantwortlich. Oft lagen die Bahnwärterhäuschen, die auch Wohnung für den Bediensteten und seine Familie boten, mehrere Kilometer von der nächsten Ortschaft entfernt. Die Erledigung von Besorgungen, der Schulbesuch oder

die Teilnahme am kulturellen und geselligen Leben des Ortes war besonders in den Wintermonaten sehr beschwerlich. Die Bearbeitung eines Hausgartens, die Kleinviehhaltung und manchmal auch handwerkliche Heimarbeiten gehörten zu den beliebtesten Tätigkeiten in den Mußestunden der Bahnwärter.

Gewaltig dampfend hält die Vogelsbergbahn an der Haltestelle Frischborn. Sie brauchte viel Dampf; denn eine Strecke mit starken Steigungen bis hinauf nach Hartmannhain, der höchstgelegenen Bahnstation Hessens, lag vor ihr (rechts).
In schneereichen Wintern kam es manchmal vor, daß das „Ilbeshäuser Lieschen", wie der Volksmund liebevoll diesen Zug nannte (weil er über das Dorf Ilbeshausen fuhr), in tiefen Schneeverwehungen steckenblieb. Dann dauerte es mehr als eine Weile, bis der Vogelsbergexpress wieder flott war. – Man hatte oder nahm sich ohnehin zu jener Zeit mehr Zeit ...

Aus alter Arbeitszeit

Bäuerliche Berufs- und Lebensbilder

1948-1958 photographiert und beschrieben von Georg Eurich

80 Seiten, Großformat, gebunden, ISBN 3-925277-34-X

Bereits in 4. Auflage ist dieser Bildband von Georg Eurich erschienen. Er dokumentiert in vielerlei Hinsicht einmalige Photographien von der bäuerlichen Lebens- und Arbeitswelt in den fünfziger Jahren.

Erhältlich im Buchhandel oder direkt beim Verlag.

Wartberg Verlag Peter Wieden

34281 Gudensberg-Gleichen – Im Wiesental 1 – Tel.: 05603 / 4451